BEI GRIN MACHT SICH IHR WISSEN BEZAHLT

AF139816

- Wir veröffentlichen Ihre Hausarbeit, Bachelor- und Masterarbeit

- Ihr eigenes eBook und Buch - weltweit in allen wichtigen Shops

- Verdienen Sie an jedem Verkauf

Jetzt bei www.GRIN.com hochladen und kostenlos publizieren

GRIN

Bibliografische Information der Deutschen Nationalbibliothek:

Die Deutsche Bibliothek verzeichnet diese Publikation in der Deutschen National-
bibliografie; detaillierte bibliografische Daten sind im Internet über http://dnb.d-
nb.de/ abrufbar.

Impressum:

Copyright © 2018 GRIN Verlag
Druck und Bindung: Books on Demand GmbH, Norderstedt Germany
ISBN: 9783668885004

Dieses Buch bei GRIN:

https://www.grin.com/document/455717

Patricia Sommer

Zur rechtsethischen Legitimation des assistierten Suizids

GRIN Verlag

Zur rechtsethischen Legitimation des assistierten Suizid

A.Einleitung

„Es ist des Menschen Pflicht, die ihm bestimmte Zeit abzuwarten, bis seine Stunde schlägt bis er danieder sinkt und von der Last seines Elends erdrückt wird"

So schrieb es einst der britische Autor und Geistliche Humphrey Primatt[1]. Er brachte damit im Jahre 1776 eine durch alle Zeiten hinweg existierende und auch noch heute weit verbreitete Auffassung über das menschliche Leben und des damit unwiderruflich verbunden Sterbens zum Ausdruck.

Das Bundesverwaltungsgericht teilt diese Auffassung nicht. Im Urteil vom 02.03.2017 heißt es unter anderem, dass ein unheilbar schwer erkrankter Mensch unter Vorliegen von bestimmten Bedingungen rechtlich dazu befugt ist, eine tödliche Dosis des Medikaments Natrium – Pentobarbital zum Zwecke der eigenen Selbsttötung zu erwerben.[2] Danach sei der Mensch also, zumindest auf rechtlicher Ebene, nicht unter jedem Umstand dazu verpflichtet, seinen natürlichen Tod abzuwarten und seinen Sterbeprozess bis zum Ende, auch unter qualvollen Schmerzen, durchzustehen.

Stattdessen sei er vielmehr dazu berechtigt, sich eben nicht von der großen Last seines Elendes erdrücken zu lassen, sondern, -freilich unter Vorliegen der Bedingungen-, vor seinem Elend hinweg zu fliehen und der ihm bestimmten Zeit, sofern diese mit dem natürlichen Tod zu interpretieren ist, zuvor zu kommen.

Die Entscheidung hat sowohl eine breite juristische als auch rechtspolitische Debatte ausgelöst, auf deren Einzelheiten hier jedoch nicht näher eingegangen werden soll. Stattdessen soll das Urteil nachfolgend aus rechtsethischer Perspektive betrachtet werden, wobei solche ethischen Theorien im Vordergrund stehen werden, die mir für die Beantwortung der mit dem Urteil entstanden Probleme und Fragen am geeignetsten erscheinen.

B. Grundaussagen der Entscheidung[3]

Zunächst sollen allerdings die Kernaussagen der Entscheidung kurz dargestellt werden. Grundlage der Entscheidung war der Fall einer querschnittsgelähmten Frau, die, nur noch in der Lage ihren Kopf zu bewegen, täglich unter starken und schmerzhaften Krampfanfällen litt. Nachdem von Ärzten festgestellt wurde, dass sich dieser Zustand noch über 15 Jahre hinziehen könnte, beantragte die Frau beim Bundesamt für Arzneimittel die Abgabe einer tödlichen Dosis des Medikaments Natrium-Pentobarbital, welches einen kurzen und schmerzfreien Tod garantiert.

---

[1] H.Primatt, A Dissertation on the Duty of Mercy and Sin of Cruelty to Brute Animals
[2] BVerwG, Urteil vom 02.03.2017 - 3 C 19.15
[3] Vgl.: BVerwG, Urteil vom 02.03.2017 - 3 C 19.15

Nachdem der Antrag mit Verweis auf den fehlenden Therapiezweck, der nach Bestimmung des Betäubungsmittelgesetzes[4] Voraussetzung des Erwerbes von Medikamenten ist, abgelehnt wurde entschloss sich die Frau in der Schweiz das Leben zu nehmen. Der Ehemann der Frau erhob im Anschluss Klage vor den Verwaltungsgerichten.

Er wollte die nachträgliche Feststellung, dass die Verweigerung der Abgabe des tödlichen Medikaments durch das Bundesamt für Arzneimittel rechtswidrig war. Am 02.03.2017 gab das Bundesverwaltungsgericht der Klage in letzter Instanz statt.

Danach habe ein unheilbar kranker Mensch mit starken Schmerzen, die durch keine Therapie gelindert werden können, unter der Voraussetzung, dass er zu einer freien und ernsthaften Entscheidung in der Lage ist und keine andere zumutbare Alternative zur Herbeiführung des Sterbewunsches zur Verfügung steht, die Erlaubnis zum Erwerb einer tödlichen Dosis Natrium-Pentobarbital.

Grundlage dieser Entscheidung ist nach Ansicht des Bundesverwaltungsgerichts das allgemeine Persönlichkeitsrecht eines jeden Menschen. Dieses gewähre einem schwer und unheilbar kranken Menschen unter Vorliegen der oben genannten Bedingungen, auch einen Anspruch darauf zu entscheiden, „ wie und zu welchem Zeitpunkt sein Leben beendet werden soll".

C. Abgrenzung zum „privaten Suizid"

Bei der rechtsethischen Beurteilung der Entscheidung, also letztlich beim Versuch der Beantwortung der Frage, ob die Verleihung der rechtlichen Befugnis zur Selbsttötung in Einklang zu bringen ist mit rechtsethischen Vorstellungen, geht es um weitaus mehr als um die Frage, ob es ethisch oder moralisch vertretbar ist, dass ein Mensch sein Leben selbst beendet—dann nämlich würde es allgemein und losgelöst von der konkret in der Entscheidung thematisierten Anerkennung und Förderung des Sterbewunsches schwer kranker Menschen durch den Staat- um die moralische Verwerfung der Selbsttötung als solche gehen. Darüber hinaus geht es aber vielmehr auch um die Frage, ob es aus rechtsethischer Sicht vertretbar ist, dass der Staat dem Menschen gerade einen Anspruch (also die Rechtsmacht zur selbstbestimmten Wahrnehmung unter Verpflichtung Dritter zum Gewähren lassen dieser Wahrnehmung[5]) darauf verleiht, sich mittels vom Staat bereitgestellter Medikamente, selbst zu töten.

Entscheidender Unterschied also ist gewissermaßen die Kausalität des Staates- entstehend durch die Verleihung des Anspruches auf Beendigung des Lebens und Bereitstellung der Medikamente, im Bezug auf den Tod des Suizidenten. Man muss hier folglich den Staat zutreffend mit den

---

[4] Vgl.: §5 Absatz 1 ,Nr. 6 BtMG
[5] Karl Larenz/Manfred Wolf, Allgemeiner Teil des bürgerlichen Rechts § 14 Rn 4

Worten des ehemaligen Bundesgesundheitsministers Herrmann Gröhe als „Handlanger von Selbsttötungen" bezeichnen.[6]

Gegenstand der nachfolgenden Untersuchung soll damit die Frage nach der rechtsethischen Legitimität der Verleihung eben jenes Anspruches auf Selbsttötung sein. Auf der einen Seite soll also anhand verschiedener Theorien untersucht werden, inwiefern diese Selbsttötung dem ethisch Gesollten entspricht, auf der anderen Seite zugleich aber auch, inwiefern dieses ethisch Gesollte überhaupt Grundlage für die Verleihung eines Anspruches, also letztlich für die Rechtssetzung des Staates werden kann.

D. Rechtsethische Legitimität – Gesellschaftliche und verfassungsrechtliche Situation als Ausgangspunkt für Auswahl der Theorien

Bevor nun mit eben dieser Untersuchung begonnen werden soll, bleibt zu erwähnen, dass eine Darstellung sämtlicher auf der Welt vorhandener ethischer Wertvorstellung und deren Abgleich mit den aufgeworfenen Problemen kaum möglich erscheint. Es sollen daher all jene ethischen Theorien den Vorzug erhalten, deren Grundzüge in Einklang zu bringen sind mit der gesellschaftlichen, sozialen und verfassungsrechtlichen Entwicklung in Deutschland.

So ist der Umstand des Fehlens jeglicher theologischer Standpunkte damit zu erklären, dass in Deutschland nach Artikel 4 des Grundgesetzes die Religionsfreiheit gilt. Menschen das Recht auf Selbsttötung aufgrund religiös fundierter Wertevorstellung zu verweigern ist deshalb nicht zulässig, ferner für die nachfolgende Betrachtung irrelevant.

Stattdessen soll vor allem der ethische Relativismus bzw. Subjektivismus als die, die heutige westliche Welt immer stärker kennzeichnende Ideologie in den Mittelpunkt rücken.[7]

E. Ethischer/ Subjektivismus als Signatur der westlichen Welt – Entscheidungsfreiheit des Subjekts als höchstes Gut, Einzelner Mensch als letztes Maß

In seiner Predigt zur Eröffnungsmesse des Konklaves im Jahre 2005 bezeichnete Joseph Ratzinger, später Papst Benedikt XVI, das heutige Zeitalter als „Diktatur des Relativismus, die

---

[6] J.Müller/Neuhof, Leiden am Lebensende: Gesundheitsminister Gröhe muss über Sterbehilfe entscheiden,13.05.2017[online]
[7] Siamak Nadjafi, Säkularisierung und Fundamentalismus: Ursachen und Auswirkungen der Säkularisierung und des Fundamentalismus für Gesellschaft und Politik in unterschiedlichen Kulturkreisen, S.150

nichts als endgültig anerkennt und als letzes Maß nur das eigene Ich und seine Gelüste gelten lässt.".[8]

In der Tat zeigt sich gerade in der westlichen, vom modernen Liberalismus und Pluralismus geprägten Welt, nicht zuletzt aufgrund der immer weiter fortschreitenden Säkularisierung, der Wunsch einer Loslösung von objektivierten Maßstäben.[9] So fällt in wertebestimmenden Diskussionen immer häufiger umgangssprachlich die Redewendung „Leben und leben lassen". Oder um es ein wenig graziler mit den Worten Schoppenhauers auszudrücken :„Wer unter Menschen zu leben hat, darf keine Individualität, sofern sie doch einmal von der Natur gesetzt und gegeben ist, unbedingt verwerfen; auch nicht die schlechteste, erbärmlichste, oder lächerlichste.[…]Dies ist der wahre Sinn des Spruches: "Leben und leben lassen." Gemeint ist also damit vielfach die Ablehnung von Verurteilungen anderer aufgrund von subjektiv differenten Auffassungen und Meinungen. Jeder soll so leben können, wie er es selbst für richtig hält, gleichzeitig aber auch tolerant sein und anderen ihre Lebensweise zugestehen. Dies spiegelt sich vor allem in der Einführung des Rechts auf gleichgeschlechtliche Eheschließung („Ehe für alle") wieder.[10]

Dieser ethische Subjektivismus, also die Grundauffassung, dass prinzipiell jeder Mensch selbst für sich entscheidet, was ethisch gut oder falsch ist[11], hat damit auch über die Grenzen der Moral hinausgehend, immer stärkeren Einfluss auch auf das Recht.

Daneben hat diese, durch die Prinzipien der Aufklärung immer weiter verstärkte Auffassung auch in die Verfassung der Bundesrepublik Deutschland Eingang erhalten. Sowohl das in Artikel 20 zum Ausdruck kommende Demokratieprinzip, dass die Bürger des Staates zum Bezugspunkt für jegliches staatliches Handeln, also auch für das Gewähren und Verweigern von Rechten macht, als auch vor allem die Grundrechte, die nicht nur das Volk als Grundlage statuieren, sondern vielmehr jeden einzelnen, individuellen Bürger zum Bezugspunkt der gesamten Rechtsordnung machen, zeigen diese Entwicklung eindrucksvoll.

Innerhalb der Grundrechte ist dabei mit dem BVerwG vor allem Artikel 2 nochmals hervorzuheben: Dort heißt es unter anderem, „Jeder hat das Recht auf die freie Entfaltung seiner Persönlichkeit" sowie „ Die Freiheit der Person ist unverletzlich". Dieses zentrale Grundrecht der Handlungsfreiheit, auf dass sich auf das BVerwG bei seiner Entscheidung bezieht, stellt also nochmals klar, dass jeder Einzelne grundsätzlich frei ist, sprich unabhängig vom Willen anderer das tun kann, was er will.[12]

---

[8] Joseph Ratzinger, Missa pro eligendo Romano Pontifice, 18.04 2005 [online]
[9] Siamak Nadjafi, Säkularisierung und Fundamentalismus: Ursachen und Auswirkungen der Säkularisierung und des Fundamentalismus für Gesellschaft und Politik in unterschiedlichen Kulturkreisen, S.150
[10] § 1353 Absatz 1 Satz 1 BGB
[11] Brockhaus in fünfzehn Bändern, Band 13, Ses-Tam, S.394
[12] Freilich findet diese Freiheit ihre Grenzen in der Verletzung der Rechte von anderen.

Der Subjektivismus, der seinen Ausdruck auch und insbesondere im Persönlichkeitsrecht des Artikels 2 des Grundgesetzes findet, rückt also , wie eindrucksvoll gesehen, immer mehr ins Zentrum des Denkens, weshalb er bei der Frage nach der Zulässigkeit der Selbsttötung schwer kranker Menschen eine herausragende Rolle spielt. Je nachdem auf welchen Aspekt der Schwerpunkt gelegt wird, lassen sich jedoch auch innerhalb des ethischen Subjektivismus bestimmte Gruppen unterscheiden.

I. Individueller ethischer Subjektivismus als höchste Form der Autonomie? Eine Betrachtung der Moralvorstellung des Protagoras und dessen Folgerungen für das Urteil des BVerwG

Bereits vor 2000 Jahren brachte der Protagoras mit seinem berühmten Homo-mensura-Satz: „der Mensch ist das Maß aller Dinge[13] die wohl radikalste Form des ethischen Subjektivismus zum Ausdruck.[14]

Kerngehalt dieses sog. individuellen Subjektivismus ist, dass der Mensch, und zwar der einzelne, individuelle Mensch, das Maß aller Dinge ist. Das Individuum selbst, nicht eine bestimmte Gruppe, eine Gesamtheit, gar die Menschheit ist der Ausgangspunkt der Bewertung des eigenen Handels, sondern einzig sein individuelles Bewusstsein selbst ist der einzige Bezugspunkt für sein Verhalten.
Es gibt demnach objektiv kein richtig oder falsch mehr, sondern alles ist in hohem Maße als relativ anzusehen.[15]

Nimmt man diesen Gedanken als Ausgangspunkt für die Bewertung des Urteils des Bundesverwaltungsgerichts so könnte sich zunächst folgende Überlegung ergeben: Wenn der einzelne Mensch selbst der einzige Bezugspunkt dafür ist, ob sein Verhalten dem ethisch Gesollten entspricht oder nicht, so muss es auch jeweils dem Einzelnen freigestellt sein, sich für oder gegen die Selbsttötung auszusprechen.

Wenn der Staat also den Personen, die ihr Leben erhalten wollen, dies aber nur durch lebensverlängernde Maßnahmen können, diese Möglichkeit gewährt, so muss er unter diesen ethischen Gesichtspunkten, auch all jenen, die ihr Leben beenden wollen Unterstützung zu teil werden lassen.

Solange dies jedoch nicht der Fall ist, kann sich der einzelne Mensch völlig frei entfalten.
[13] Vorbehaltlich anderer Interpretationsmöglichkeiten, auf die hier nicht eingegangen werden soll. Vgl. dazu: Böckenförde, Geschichte der Rechts-und Staatsphilosophie, S.48 ff.
[14] Platon, Theaitetos 152a [online]
[15] Franz von Kutschera, Grundlagen der Ethik, S.122

Dadurch, dass dem einzelnen Menschen selbst die Wahl gelassen wird, ob er von diesem Recht Gebrauch machen möchte oder nicht, wird er selbst zum „Maß der Dinge". Insofern entspricht der individuelle ethische Relativismus der Feststellung des BVerwG, dass es einem schwer kranken Menschen freigestellt sein muss, den Zeitpunkt seines Todes selbst zu bestimmen.

Trifft ein Mensch diese Entscheidung aufgrund seiner Lebenssituation, etwa weil seine Schmerzen unerträglich sind und er sich nicht mehr erwünscht fühlt auf der Welt, so ist dies ethisch vollkommen legitim. Kein Dritter kann ihm dann von außen aus seiner Sicht, die niemals die konkrete Situation so erfassen kann, wie der kranke Mensch selbst, etwas anderes erzählen oder über seine Entscheidung urteilen, sie gar als falsch resümieren. Entscheidendes Kriterium für die ethische Legitimation ist damit die Entscheidungsfreiheit des einzelnen Subjekts.

Kann das einzelne Individuum das tun, was es selbst für richtig hält, so ist es auch ethisch legitim, egal wie genau es sich dann entscheidet. Ob es sich dann für die Möglichkeit der Selbsttötung entscheidet oder dagegen ist dann beides gleichsam ethisch vertretbar, beziehungsweise spielt für die Beurteilung der Legitimität der staatlichen Anspruchsverleihung keine Rolle. Die ethische Legitimität wird also in der Hergabe der Entscheidungsfreiheit selbst begründet, nicht etwa im letztlichen Handeln der Person, das gleichsam immer ethisch ist, solange es der handelnde Mensch selbst als ethisch ansieht. Eine ethische Werteordnung aber, die objektiv regelt, was gut oder schlecht ist, kann es nicht geben.

1. Probleme, die der individuelle ethische Subjektivismus als Grundlage staatlicher Rechtsprechung mit sich bringen würde:

Freilich ist umstritten, inwiefern diese Ansicht Grundlage der Beurteilung ethischer Legitimität von staatlicher Rechtsprechung sein kann. Erhebt man sie zum einzigen Kriterium, ergeben sich schwerwiegend Probleme.

Zu welchem Ergebnis man am Ende kommt, ist offensichtlich. Der Staat muss dem Individuum alle Möglichkeiten eröffnen, die es gibt, um ethisch legitim zu handeln. Der Staat hätte dann auf dieser Grundlage, also allein auf ethischer Grundlage, überhaupt keine Einflussmöglichkeiten mehr.

Es wäre ethisch somit alles erlaubt. Der Willkür und Anarchie wäre Tor und Raum geöffnet.[16] Der Staat müsste also, wöllte er eine objektive Rechtsordnung erlassen, alles erlauben, nichts verbieten und gleichsam alles verbieten und nichts erlauben.

Der Staat könnte mithin seine Ordnungs-und Friedensfunktion nur unzureichend erfüllen.[17] In seiner Friedensfunktion hat er die Aufgabe, Streitigkeiten zwischen Individuen beizulegen, indem er klar und deutlich zum Ausdruck bringt, welche Regeln gelten und welche nicht um so den sozialen Frieden sicherzustellen.[18]

Auch die Verfassung der Bundesrepublik Deutschland erkennt diese Problematik. In Artikel 2 des Grundgesetzes findet sich zwar   das   Recht auf freie Entfaltung der Persönlichkeit, auf Selbstbestimmung und Autonomie. Gleichzeitig zeigt der Artikel aber aber auch deren Grenzen auf.

So statuiert Satz zwei des Artikels die Freiheit der Person eben nur soweit, wie nicht in die Rechte anderer eingegriffen wird, wie nicht gegen die verfassungsmäßige Ordnung oder das Sittengesetz verstoßen wird. Dies resultiert aus dem Fakt, dass wir Menschen, zwar im Grundsatz eigene, freie Individuen sind, als solche aber sehr wohl in einer Gemeinschaft leben.

Der Mensch lebt nicht völlig losgelöst von anderen Menschen in einem Loch in der Erde, sondern er kommuniziert, agiert und reagiert mit anderen und auf andere Menschen. Er befindet sich, von Anfang an, immer in einem Bezug zu anderen Menschen, zur Gesellschaft als solcher.[19] Besonders anschaulich stellt dies der Soziologe Heinz-Günther Vester dar:„Schon pränatal (vorgeburtlich) existiert zwischen Mutter und Fötus ein soziales Band. In diesem Sinne ist die Sozialität des Menschen auch von vornherein eine „natürliche" Gegebenheit, d.h. durch biologische Prozesse vorgegebene und ermöglichte Sozialität."[20]

Dieses Zusammenleben der Menschen führt dazu, dass die Freiheit, die jeder Einzelne auslebt automatisch auch zu einer Einschränkung der Freiheit von anderen führt. Gewährt man nun trotzdem jedem Einzelnen Bürger willkürlich in allen Bereichen absolute Freiheit, führt dies zum Gegenteiligen Ergebnis: Dann setzt sich allein die Macht des Stärken durch: Während ein Teil uneingeschränkte Freiheit hat, lebt der andere in absoluter Unfreiheit.[21]Der Staat muss also in seiner Friedens – und Freiheitsfunktion einen gewissen Kompromiss finden zwischen Freiheit des

---

[16] Markus Kleine, Sterbehilfe: Rechtliche und ethische Fragen zwischen Freiheit und Verantwortung, Absatz 4 [online]
[17] Ebd.
[18] Bernd Rüthers, Rechtstheorie, § 3
[19] H. Günther Vester in: Kompendium der Soziologie I : Grundbegriffe, S.26
[20] H. Günther Vester in: Kompendium der Soziologie I : Grundbegriffe, S.26
[21] Markus Kleine, Sterbehilfe: Rechtliche und ethische Fragen zwischen Freiheit und
 Verantwortung, Absatz 4

Einzelnen und deren Auswirkung auf die Freiheit der Anderen, wobei höchstes Ziel des Staates sein muss, dem einzelnen Bürger die höchstmögliche Freiheit zu gewähren.[22]

2. Protagoras Relativierung des Relativismus – Moral ungleich Recht

Diese Problematik erkennt auch Protagoras. Geht es um die Frage, wie das Recht entsteht und woraus es seine Verbindlichkeit gewinnt, relativiert Protagoras seinen krassen individuellen Subjektivismus. Demnach entsteht Recht nicht aufgrund von willkürlichen Vorstellungen einzelner Individuen, und gewinnt somit seine Verbindlichkeit auch keineswegs aus ethischen Vorstellungen(dies wäre wie oben beschrieben auch nicht möglich) sondern durch „die allgemeine Meinung der Bürger" darüber, was für den Staat gerecht ist.[23] „An die Stelle des Individuums mit seinen subjektiven Wahrnehmungen tritt eine Körperschaft, aus deren kollektiver Meinungsbildung die Festlegungen über die Grundsätze des Zusammenlebens fließen.[24] Hier sieht man vor allem auch, dass das politische Denken des Protagoras von der ersten in Athen entwickelten Demokratie geprägt war.[25]Allerdings ist zu beachten, dass Protagoras sich dabei keineswegs völlig von seinem durch den Homo-mensura Satz ausgedrückten Relativismus loslöst: Grundlage für die kollektive Meinungsbildung ist immer noch der Einzelne, der seine „willkürliche", veränderliche Meinung in den Meinungsbildungsprozess einbindet. Insofern ist das Recht also stets veränderbar und immer abhängig von der Willkür der Einzelnen Menschen.

Nimmt man dies jedoch als uneingeschränkten Maßstab, so gebe es also keinen „Filter" durch den der Meinungsbildungsprozess gelenkt wird. Es gibt dann weiterhin keine Werteordnung, die bestimmte Kriterien dafür bietet, wofür die Menschen letztlich ihre Zustimmung geben sollten oder nicht.

Insofern kann man hier von einem „den auf der Gleichwertigkeit aller politischen Vorstellungen und auf der Willkür der Einzelnen in Gemeinschaften beruhenden politischen „absoluten Relativismus" sprechen.[26]

Protagoras erkennt jedoch auch hier die Probleme, die ein politischer Relativismus mit sich bringen würde.

Aufgrund dessen, dass den einzelnen Menschen aufgrund einer absolut willkürlichen, durch kein Kriterium gefilterten Meinung, die Kompetenz fehle, in speziellen staatlichen Sachfragen die

---

[22] Böckenförde, Recht, Staat, Freiheit, S.43

[23] Platon, Theaitetos, 172 b 7 [online]

[24] Hangyoo Lee, Die sophistische Rechtsphilosophie in den platonischen Dialogen Protagoras, Theaitetos und Gorgias , S.77, 17.02.2015 [online]

[25] Hans Vorländer, Grundzüge der athenischen Demokratie, 06.01.2014 [online]

[26] Hangyoo Lee, Die sophistische Rechtsphilosophie in den platonischen Dialogen Protagoras, Theaitetos und Gorgias, S.78, 17.02.2015 [online]

Tragweite ihrer Entscheidung zu beurteilen bestehe die Gefahr, dass die Menschen etwas beschließen, dass für den Staat nachteilige Auswirkungen hat. [27] Um dies zu verhindern bringt Protagoras hier erstmals objektivierende Maßstäbe ins Spiel.

Demnach müsse den einzelnen Menschen, um zu verhindern, dass der Staat aufgrund von willkürlichen Meinungen, Schäden davon trägt, bestimmte politische Leitfiguren, die als Ratgeber funktionieren, an die Seite gestellt werden. [28] Diese Ratgeber hätten aufgrund ihrer „fachlichen Kenntnisse" die Kompetenz zu erkennen, was nützlich ist und was nicht. [29]

Dies macht er am Beispiel des Arztes deutlich, der einen Kranken heilt: „Ein Arzt heilt einen Kranken, der infolge seiner Krankheit süße Speisen – anders als ein Gesunder – für bitter schmeckend hält, nicht etwa, indem er dessen Geschmacksempfinden für falsch erklärt, sondern, indem er dessen schlechter Verfassung Abhilfe verschafft und sie in eine gesunde verwandelt." [30] Hier erkennt der Arzt was nützlich ist, es ist insofern nicht relativ sondern absolut und objektiv. Diese Leitfiguren, hätten also die Aufgabe, die Bürger von dem was nützlich ist zu überzeugen und somit die „Willkür" der Bürger zu filtern.

Oberstes Ziel ist also „die Übereinstimmung der Rechtsnormen mit dem, was für das Gemeinwesen wirklich nützlich ist". [31]

Man erkennt hier also durchaus einen objektiven utilitaristischen, also auf die Mehrung des Nutzens der Gemeinschaft [32], gerichteten Ansatz, der sich doch stark von der Ausgangsposition des Homo-mensura Satzes unterscheidet.

(a)Übereinstimmung des Willens der Gemeinschaft mit der Nützlichkeit als oberstes Ziel: Utilitaristischer Standpunkt

Nehmen wir also an, dass oberstes Ziel eine Übereinstimmung des Willens der Gemeinschaft mit dem ist was Nützlich ist, so stellt sich zunächst die Frage, wie der Begriff der Nützlichkeit überhaupt zu definieren ist.

Am Beispiel des heilenden Arztes könnte man hier vorliegend Parallelen zu Jeremy Benthams Position ziehen, der als Begründer des Utilitarismus und des hedonistischen

---

[27] Hangyoo Lee in: Die sophistische Rechtsphilosophie in den platonischen Dialogen Protagoras, Theaitetos und Gorgias, S.81, 17.02.2015 [online]
[28] Ebd.
[29] Vgl. Hoffmann, K. F., Überlegungen zum HMS des Protagoras, in: Die Sophistik; Entstehung, Gestalt und Folgeprobleme des Gegensatzes von Naturrecht und positivem Recht, S. 25.
[30] Hangyoo Lee in: Die sophistische Rechtsphilosophie in den platonischen Dialogen Protagoras, Theaitetos und Gorgias, S. 78, 17.02.2015 Vgl.: Theaitetos 166 d-e [online]
[31] Hangyoo Lee in: Die sophistische Rechtsphilosophie in den platonischen Dialogen Protagoras, Theaitetos und Gorgias, S.82, 17.02.2015 [online]
[32] Andreas Suchanek, Utilitarismus, 19.02.2018 [online]

Kalküls, dass als nützlich betrachtet, was die Summe des Wohlergehens aller Betroffenen vermehrt, letztlich also die Freunde aller vermehrt oder zumindest das Leid vermindert: „ Unter dem Prinzip der Nützlichkeit ist jenes Prinzip zu verstehen, das schlechthin jede Handlung in dem Maß billigt oder missbilligt, wie ihr die Tendenz innezuwohnen scheint, das Glück der Gruppe, deren Interesse in Frage steht, zu vermehren oder zu vermindern – oder – das gleiche mit anderen Worten gesagt- dieses Glück zu befördern oder zu verhindern."[33]

Es stellt sich sodann also die Frage: „Vermehrt eine Selbsttötung schwer kranker Menschen die Summe des Wohlergehens aller Betroffenen, sprich führt sie zum größtmöglichsten Glück der größtmöglichen Zahl?"

Zur Beantwortung der Frage muss eine Abwägung stattfinden. Auf der einen Seite steht als Folge der Selbsttötung die Freude, die dadurch (evtl.) bei allen Betroffenen hervorgerufen wird, auf der anderen Seite das Leid. Überwiegt die Freude, so erfüllt die Selbsttötung schwer kranker die Voraussetzungen der Vermehrung des Wohlergehens aller mithin das Nützlichkeitskriterium des Protagoras an das Recht.

E stellt sich die Frage, wer überhaupt als „Betroffener" angesehen werden kann. Zunächst am unmittelbarsten Betroffenen ist natürlich der Patient, der seine Selbsttötung erwünscht, selbst.

Weiterhin zu nennen sind freilich die Angehörigen des Patienten, insbesondere jene, die dem Suizid dann beistehen, bzw. diesen durch ihre Beihilfe überhaupt ermöglichen. Darüber hinaus Betroffen sind aber ohne jeden Zweifel auch diejenigen, die letztlich das Mittel bereitstellen müssen, wobei aus dem Urteil nicht hervorgeht, wie genau diese Bereitstellung aussehen soll.

Denkbar wäre etwa, dass Ärzte die tödliche Dosis des Betäubungsmittels verschreiben. Allerdings bringe auch dies rechtliche und verfassungsrechtliche Bedenken mit sich, die hier aber nicht erläutert werden sollen.[34]

Wie genau die Bereitstellung letztlich also von statten gehen soll, bleibt unklar. Vorliegend soll deshalb hypothetisch davon ausgegangen werden, dass Ärzte das Medikament verschreiben. Insgesamt wären also drei Gruppen von der Selbsttötung am unmittelbarsten Betroffen.

(aa) Der Patient: Die Position des Patienten soll dabei besetzt werden mit der im Urteil beschriebenen Situation. Zunächst einmal kann man in dem Sterbewunsch erkennen, dass der Patient selbst seine Situation als großes Leiden empfindet. In dem Wunsch sterben zu wollen

---

[33] Bentham, Jeremy, Eine Einführung in die Prinzipien der Moral und der Gesetzgebung, In: Otfried Höffe [Hrsg.]: Einführung in die utilitaristische Ethik
[34] In Betracht kommt hier insbesondere, wie oben erwähnt ein Verstoß gegen das BtMG: Danach ist es Ärzten lediglich gestattet Medikamente zum Zweck einer Therapie, nicht aber zur Selbsttötung zu verschreiben, Vgl.: §5 Absatz 1 ‚Nr. 6 BtMG

kommt also bereits die Hoffnung zum Ausdruck dieses Leiden beenden zu können. Insofern wird der Tod als Milderung des Leides angesehen. Der Patient sieht in der bevorstehenden Perspektive des Todes einen glücklicheren oder doch zumindest weniger schmerzerfüllten und leidvollen Zustand. _Die Verwirklichung der Selbsttötung, mithin der Tod als solcher, wird als Freude empfunden. Freilich kann man davon ausgehen, dass der Patient in den letzen Minuten seines Lebens mehr Trauer empfindet als Freude. Allerdings bezieht sich sein Kummer vor allem auf die glücklichen Jahre seiner Lebenszeit und nicht auf seine jetzige Situation. Insofern ist es nicht die Trauer darüber seinen jetzigen Zustand zu beenden sondern die, in den Sekunden vor seinem Tod endgültig werdende Gewissheit, diese glücklichen Jahre endgültig nicht mehr zurück holen zu können. Diese Gewissheit bestand im Grunde aber auch schon vor Beginn des Suizids und war letztlich genau der Grund eben für die Selbsttötung. Es ist davon auszugehen das diese Trauer sich weiterhin auf die Krankheit bezieht und nicht auf den Tod, mithin nicht die Selbsttötung der Grund für die Trauer ist sondern weiterhin die Krankheit. Der Tod bedeutet dann nach wie vor die Erlösung von dieser Krankheit und letztlich auch von dieser Trauer um sein altes Leben. Die Freude über diese Erlösung überwiegt also letztendlich den Schmerz, der sich nie auf den Tod sondern viel mehr auf die Krankheit bezogen hat.

(bb) Die Angehörigen: Fragt man sich weiter, was die Selbsttötung bei den Angehörigen auslöst, muss man zunächst einmal von folgendem Standpunkt ausgehen: Der Verlust einer nahestehenden Person bedeutet in erster Linie Leid, Trauer und Schmerz. Zwar ist davon auszugehen, dass auch oder gerade die Angehörigen bis zu einem gewissen Masse froh darüber sind, dass ein geliebter Mensch von seinem Leiden erlöst wird. Studien belegen jedoch, dass das Leid und die Belastung der Angehörigen bei einem assistierten Suizid oftmals unterschätzt werden. So zeigt eine im Jahr 2011 veröffentlichte Untersuchung der Universität Zürich, dass über 40% der Angehörigen auch lange nach dem Suizid noch erheblich unter diesem litt.[35] Eine Studie der European Psychiatry[36] spricht sogar bei einem Fünftel der unmittelbar beim Suizid gegenwertigen Angehörigen von posttraumatischen Belastungsstörungen gar bei einem Sechstel von Depressionen. Freilich wird bei normalem Verlauf der Dinge davon auszugehen sein, dass das Leid mit der Zeit abnimmt der Schmerz verarbeitet wird und die Freude letztlich überwiegt aber auch dann wird die Trauer nie vollkommen verschwinden. Auch kann es sein, dass die Angehörigen in der Selbsttötung ein eigenes Versagen sehen und sich Vorwürfe machen, etwa nicht genug für den Patienten da gewesen zu sein oder ihn nicht genug überzeugt zu haben, ihn allein gelassen zu haben, sodass er sich nicht mehr wertig genug gefühlt hat. Es kann somit im Zweifelsfall nicht geklärt werden, ob für die unmittelbar Angehörigen des Suizidenten letztlich die Freude oder das Leid überwiegt.

(cc) Der Arzt: Bewertet man die Selbsttötung aus der Sicht des Arztes, so ist wohl zu vermuten, dass er in der Linie froh drüber ist, das der Leidende von seinen Schmerzen erlöst wird.

---

[35] Regula Freuler, Das Leiden der Angehörigen, 18.5.2016 [online]
[36] Felix Straumann, Nach der Freitodbegleitung in die Therapie, 04.10.2012 [online] Vgl. European Psychiatry 2012; 27: 542–546

Allerdings ist es auch vorstellbar, dass es für ihn eine Belastung darstellt durch das Verschreiben des Medikaments unmittelbar am Tod des Patienten beteiligt gewesen zu sein. Letztlich kann es auch sein, das der Arzt sein Selbstbild als „heilender" Arzt in Gefahr sieht gar gegen seine eigen Moralvorstellungen handelt und somit in seiner Freiheit eingeschränkt ist. Auch ist durch das Urteil noch nicht geklärt, wie eine solche Verschreibung in Einklang zu bringen ist mit den rechtlichen Vorschriften, denen Ärzte unterliegen und die es nach momentanem Stand verbieten solche Mittel zu verschreiben. Hier spielt dann, solange diese Unklarheit nicht beseitigt ist, auch eine gewisse Angst des Arztes vor rechtlichen Konsequenzen eine Rolle. Auch hier lässt sich somit nicht seriös klären, ob die Hilfe zur Selbsttötung beim Arzt mehr Freude oder Leid auslöst.

(b) Fazit

Betrachtet man nun die Gesamtbilanz für alle Betroffenen ist es nicht zweifelfrei feststellbar, ob das Leid oder die Freude überwiegt und der assistierte Suizid somit als nützlich im Sinne von Jeremy Bentham angesehen werden kann. Gerade die Studien im Bezug auf die Angehörigen zeigen, dass die Erfüllung des letzten Wunsches des Patienten, oftmals nicht nur eine Erleichterung darstellt.

Letztlich muss man m.E. aber auch konstatieren, dass diese utilitaristischen Maßstäbe dieser fundamentalen und weitreichenden Thematik nicht gerecht werden. Die Freude des einen mit dem Leid des anderen aufwiegen zu wollen steht der Würde des einzelnen Menschen in allen Belangen entgegen.[37]Das utilitaristische Prinzip zur einzigen Grundlage der Rechtsetzung zu machen führt daher zu unbilligen Ergebnissen, welche die Freiheit und Autonomie des einzelnen Individuums zugunsten des Gesamtwohls aller einzuschränken drohen.

Letztlich kann das Kriterium der Nützlichkeit, dass Protagoras zum Optimum erklärt hat, somit m.E nicht als Maßstab für die rechtliche Legitimität der Sterbehilfe dienen.

Vielleicht hat Protagoras gerade deshalb auch die Entscheidung der Gemeinschaft über das gestellt, was für den Staat als nützlich erscheint:

„Besser eine gemeinsame Entscheidung, die sich später als nachteilig erweist, als eine Entscheidung, die sich zwar als vorteilhaft für den Staat erweist, aber nicht auf gemeinsamem Einvernehmen beruht und daher eine mögliche Quelle der Zwietracht und des Zerfalls der Gemeinschaft darstellt."[38] Hier erkennt man den Unterschied zwischen Bentham und Protagoras: Zum einen zielt der Utilitarismus von Bentham natürlich rein auf das moralische Handeln ab, sprich versucht die Frage zu beantworten, was moralisch richtig ist und was falsch. Bei Protagoras

---

[37] Noemi Schenk, Zum heutigen Stand der Euthanasiediskussion in der Schweiz, S.24
[38] Hangyoo Lee in: Die sophistische Rechtsphilosophie in den platonischen Dialogen Protagoras, Theaitetos und Gorgias, S.81, 17.02.2015 [online]

muss diese Frage, wie oben dargestellt, unbeantwortet bleiben, da er in dieser Hinsicht einen radikalen individuellen Subjektivismus vertritt.

Seine utilitaristischen Maßstäbe beziehen sich also rein auf die Rechtssetzung des Staates. Zweiter entscheidender Unterschied ist aber auch die Verbindlichkeit dieser jeweiligen Ziele. Während man bei Bentham sagen muss, dass ein Handeln, welches nicht nützlich ist, weniger moralisch ist, kann man bei Protagoras keineswegs behaupten, dass eine von der Gemeinschaft mit Mehrheitsbeschluss getroffene Entscheidung, die nicht nützlich ist, weniger „rechtens" ist, als eine nützliche.

Protagoras vertritt damit also letztlich einen starren Rechtspositivismus, der das zum Recht erhebt, was die Gemeinschaft beschließt.

„Was einer jeden Polis gerecht und schön erscheint, das ist es auch für sie, solange sie es dafür hält".[39] Aber selbst wenn man das Nützlichkeitskriterium des Protagoras außer Acht lässt und damit nur auf das abstellt was die Gemeinschaft möchte, ergeben sich daraus bestimmte Anforderungen an der rechtlichen Zulässigkeit der Sterbehilfe, denen das Urteil des BwerfG nur unzureichend gerecht wird: Wenn Grundlage der Verbindlichkeit von Recht die kollektive durch Mehrheitsbeschluss erfasste Meinung der einzelnen Menschen ist, so muss man wohl sagen, dass das BVerwG nicht als Repräsentant des ganzen Volkes angesehen werden kann. Vielmehr müssen hier die Bürger selbst an der Entscheidung beteiligt werden.

In einer repräsentativen, parlamentarischen Demokratie, wie wir sie in der Bundesrepublik Deutschland vorfinden[40], können die Bürger ihre Meinung durch Wahlen von Repräsentanten, die sich für oder gegen das Recht auf Selbsttötung aussprechen Geltung verleihen. Die Repräsentanten, also die Abgeordneten des Bundestages, beziehungsweise vor Wahl, die um ein Mandat werbenden können dabei als Fachmänner betrachtet werden, die die Bürger von ihrer Meinung im Bezug auf die Nützlichkeit für das Volk überzeugen können.

Letztlich lege die Entscheidungsgewalt dann in den Händen der einzelnen Individuen, die den Bundestag als gesetzgebendes Organ wählen. Dieser muss dann mit Mehrheitsbeschluss als Repräsentant für die Mehrheit der Bürger als unmittelbar legitimiertes Organ eine Entscheidung treffen. Das Bundesverwaltungsgericht als solches kann als lediglich mittelbar legitimiertes Organ eine solche Entscheidung nicht treffen. Dies meint wohl auch der Präsident der Bundesärztekammer Montgomery, wenn er sagt, dass es ihm völlig unverständlich sei, „dass eine so grundsätzliche ethische Frage auf einen bloßen Verwaltungsakt reduziert werden soll."[41]

Voraussetzung dafür ist jedoch eine öffentliche Auseinandersetzung mit dem Thema. Es muss eine breite öffentlich politische Diskussion stattfinden, in denen die einzelnen Parteien ihren

---

[39] Platon, Theaitetos, 167 c 4-5 [online]
[40] Rolf Schmidt, Staatsorganisationsrecht, Rn 57
[41] Ulrike Baureithel, Sterben nach Vorschrift , 10/2017 [online]

Standpunkt darstellen, sodass für den Bürger klar ersichtlich ist, was Vor-und Nachteile der Sterbehilfe sind.

II. Der generelle ethische Subjektivismus – Einschränkung der vollkommenen Willkür durch den Begriff der Vernunft – Moralvorstellungen von Kant und deren Abgleich mit dem Urteil des BVerwG

An Protagoras Vorstellung des ethisch Gesollten und seiner eigenen Feststellung, dass dieser nicht allein und vollumfänglich als Grundlage der Verbindlichkeit rechtlicher Normen gelten kann, wird also bereits eine deutliche Trennung von Moral und Recht deutlich. Auf der einen Seite steht das Recht, das auf Mehrheitsbeschluss der Bürger gestützt ist, und bestenfalls das ausdrückt, was für den Staat am nützlichsten erscheint, auf der anderen Seite die individuellen ethischen Moralvorstellungen, die ganz allein beim einzelnen Individuum zu verankern sind. Diese Notwendigkeit der Trennung von Moral und Recht, die Protagoras sieht, zeigt also, dass alle Entscheidungen, auch die der Zulässigkeit des assistierten Suizids, nicht einzig daran gemessen werden können, ob das einzelne Individuum sie für richtig hält oder nicht. Dem ethischen Subjektivismus an sich, dem Kerngedanken, dass jeder Mensch für sich entscheidet, was falsch oder richtig ist, tut dies in seiner Entwicklung freilich keinen Abbruch, weshalb es mir wichtig war, ihn für die Frage nach der Selbsttötung schwer kranker heranzuziehen, obwohl man letztlich konsternieren muss, dass er für die Beantwortung der ethischen Legitimation der Selbsttötung keine eigenständige, alleinige Grundlage bietet. Gleichwohl zeigt die oben dargestellte Verankerung des Subjektivismus in der Verfassung sehr wohl die tiefe Verankerung in unserer Gesellschaft, weshalb zur Beantwortung der ethischen Legitimation der Sterbehilfe keine völlige Loslösung von ihm erfolgen darf.

Eine solche gänzliche Loslösung vom Subjektivismus versucht auch Immanuel Kant zu umgehen. Auch er sieht die Grundlage für die Beurteilung des ethisch Gesollten beim Menschen, der ein angeborenes Recht auf Freiheit hätte, selbst.[42]

Allerdings vertritt er dabei gleichzeitig eine gemäßigtere Form des Subjektivismus, den sogenannten generellen ethischen Subjektivismus.

Auch der generelle ethische Subjektivismus geht grundsätzlich davon aus, dass der einzelne Mensch selbst entscheidet, was richtig und was falsch ist, somit also bei der Frage nach der Selbsttötung keine allgemeingültige Antwort nach der rein ethischen Legitimation getroffen werden kann. Allerdings unterscheidet er sich in der Form vom individuellen ethischen Subjektivismus, als das er davon ausgeht, dass alle Menschen einen gewissen Grundbestand an identischen Auffassungen teilen, die aus dem Wesen des Menschen erwachsen, das es sehr wohl

---

[42] Nicolai Hartmann, Ethik, S.99

also aus der Natur des Menschen Werte gibt, die alle Menschen entweder als ethisch legitim oder verwerflich ansehen. [43]

Ihn ihm gibt es also bereits auf rein-ethischer Ebene somit sehr wohl objektive Kriterien also allgemeingültige Regeln. Diese werden aber dennoch auf den einzelnen Mensch zurückgeführt. Die Allgemeingültigkeit ist einzig darauf zurückzuführen, dass es ein bestimmtes Maß an „gemeinsamen Denken" gibt, das durch „gleichartige Faktoren der Außenwelt sowie durch die im wesentlichen gleichartige Organisation der Erkenntnissubjekte der Menschen, entsteht. [44] Nach Kant geht also die Frage nach der Moral vom in Freiheit geborenen Menschen selbst aus. Dieser freie Mensch selbst setzte sich also auch seine eigenen moralischen Gesetze.

Allerdings mit einem wesentlichen Unterschied zum individuellen Subjektivismus: Nach Kant entscheidet der Mensch nicht willkürlich über das was ethisch legitim ist oder nicht, sondern mittels seiner Vernunft. [45] Der Mensch gibt sich also mittels seiner Vernunft selbst die Antwort auf die Frage, was richtig und was falsch ist. In eben dieser Vorstellung sieht Kant die Würde des Menschen begründet. Dadurch, dass der Mensch sich durch seine Vernunft selbst vernünftige moralische Gesetze setzt (wenn auch natürlich nicht deshalb zugleich auch automatisch befolgt), unterscheidet er sich von allen anderen Lebewesen. [46]

Indem er also die Vernunft, nicht wie im individuellen Subjektivismus , die Willkür, zur moralbildenden Instanz macht, unterscheidet er sich wesentlich vom Ansatz des Protagoras ohne dabei den Mittelpunkt vom einzelnen Menschen abzuwenden. Eben diese Vernunft lasse den Menschen objektive Kriterien, gewissermaßen einen Maßstab dafür erkennen, was richtig und was falsch ist.

1.Moralische Legitimität der Selbsttötung nach Kant

a.)Erster Kritikpunkt Kants: Selbsttötung des moralbegründenden Menschen = Tötung der Moral selbst

Bereits hierin liegt, ohne nähere Betrachtung der einzelnen Kriterien, Kants erster Kritikpunkt an der Selbsttötung: „Das Subjekt der Sittlichkeit in seiner eigenen Person zu vernichten, ist eben so viel, als die Sittlichkeit selbst ihrer Existenz nach [...] aus der Welt vertilgen, welche doch Zweck an sich selbst ist; mithin über sich als bloßes Mittel zu ihm beliebigen Zweck zu disponieren, heißt die Menschheit in seiner Person ab zu würdigen, der doch der Mensch zur Erhaltung

---

[43] Rudolf Eisler, Einführung in die Erkenntnistheorie Rudolf Eisler, S.42
[44] Ebd.
[45] Nicolai Hartimann. Ethik, S.99
[46] Michael Hauskeller,Versuch über die Grundlagen der Moral Michael Hauskeller, S.107

anvertrauet war."[47] Kant argumentiert hier also, zunächst einmal völlig unabhängig von den einzelnen Kriterien, die ein moralisches Handeln ausmachen, mit der menschlichen Fähigkeit als solcher, überhaupt zu erkennen, was eben moralisch ist und was nicht.

Dieses Erkennen begründet wie oben dargestellt überhaupt erst die Würde und die herausragende Stellung des Menschen.

Wenn sich ein Mensch, als Begründer der Moral, oder wie Kant sagt als „Subjekt der Sittlichkeit" nun aber selbst töte, so vernichte er die Möglichkeit des Erkennens der Sittlichkeit, die der Mensch ja selbst ist, und somit die ganze Sittlichkeit an sich. Folglich gebe es keine Sittlichkeit mehr und mithin wäre auch das, was den Menschen so einzigartig macht und seine Würde begründet nicht mehr existent. Dies meint Kant also damit wenn er sagt, eine Selbsttötung bedeutet „die Menschheit in seiner Person abzuwürdigen". Das, was den Menschen auszeichnet, das Erkennen der Sittlichkeit durch seine Vernunft, wird vernichtet, somit die Menschheit um ihre herausragende Stellung gebracht.

b.) Zweiter Kritikpunkt: Menschheits-Zweck Formel

Sein zweiter Kritikpunkt ist eng mit dieser Argumentation verbunden, allerdings noch einmal unter einem anderen Gesichtspunkt, der sich hier bereits auf die Kriterien bezieht, die die Vernunft vorgebe.

Dazu gehöre unter anderem die Maxime: „„Handele so, dass du die Menschheit, sowohl in deiner Person als in der Person eines jeden anderen, jederzeit zugleich als Zweck, niemals bloß als Mittel brauchst."[48] Unter Zweck versteht Kant dabei „was dem Willen zum objektiven Grunde seiner Selbstbestimmung dient"[49], letztlich also dem Motiv beziehungsweise dem Grund aus dem der Einzelne handelt.

Ausgangspunkt ist also das Individuum das mit seinem Handeln einen bestimmten Zweck verfolgt. Diesen Zweck setzt der Mensch selbst, er ist also relativ. Seinen Wert gewinnt der Zweck allein dadurch, dass der Mensch ihn als Zweck setzt. Er kann seinen Wert also jederzeit wieder verlieren(sog. relative Zwecke).

Daneben gibt es nach Kant aber auch absolute Zwecke, also Zwecke die ihren Wert nicht verlieren können. Ausgangspunkt ist hier auch der oben beschriebene einzigartige Mensch, der durch die Fähigkeit sich mittels seiner Vernunft moralische Gesetze zu geben, seine ganze Würde gewinnt.

---

[47] Kant, AA VI: Die Religion innerhalb der Grenzen
der bloßen Vernunft.Die Metaphysik der Sitten, S.423, [online]
[48] Kant, AA IV : Kritik der reinen Vernunft ‚Prolegomena S.429 [online]
[49] Kant, AA IV : Kritik der reinen Vernunft Prolegomena S.427 [online]

In dieser Würde sei der absolute Zweck des Menschen begründet, sprich der Mensch sei immer Zweck- an sich selbst.

Als ein solcher „ sei er allen Dispositionen, auch der eigenen Dispositionsfähigkeit", entzogen.

Töte der Mensch sich nun und disponiere somit über sich selbst, so vernichte er, wie oben erläutert, nicht nur sich selbst, sondern auch diese Würde, mithin die Sittlichkeit an sich. Er zerstört damit seinen absoluten Zweck aufgrund eines relativen Zweckes (Schmerzfreiheit) und bedient sich zur Erreichung dieses Zweckes sich selbst. Er fungiert hier also als Mittel aber ohne sich dabei gleichzeitig als Zweck an sich – zu betrachten, schließlich ist sein Ziel gerade diesen (absoluten) Zweck zu vernichten.

c)Dritter Kritikpunkt: Kategorischer Imperativ: Selbsterhaltung als Pflicht der Natur

Sein dritter Kritikpunkt bezieht sich dann nochmals auf die Kriterien moralischen Handeln. Der wesentlichste Maßstab, den die Vernunft nach Kant vorgebe, sei zunächst einmal der kategorische Imperativ[50] Der kategorische Imperativ bildet das Gerüst für alles moralische Handeln. Er ist eine(immer noch durch die menschliche Vernunft hergeleitete) allgemeingültige Vorschrift die lautet: „Handle so, dass die Maxime deines Willens jederzeit zugleich als Prinzip einer allgemeinen Gesetzgebung dienen könnte."[51] Will man im Bezug auf die Selbsttötung schwer kranker einen kategorischen Imperativ bilden, so hieße dieser etwa:„ Sollte ich an einer unheilbaren Krankheit leiden, die mir täglich Schmerzen bereitet, so soll ich mein Leben mit der Hilfe anderer selbst beenden".

Fraglich ist nun also, ob diese Maxime zugleich auch Prinzip einer allgemeinen Gesetzgebung werden könnte. Kant selbst verneint dies:[52] Er führt dabei an, dass die Selbsttötung aus Selbstliebe geschehe, eben weil der Suizident sich selbst von seinem Leid befreien möchte und deshalb aus „Liebe zu sich selbst" handeln würde. Diese Selbstliebe, die der Natur entstamme, habe aber eigentlich den umgekehrten Zweck, nämlich den Fortbestand des Menschen und damit der Natur zu gewährleisten. Insofern setzt Kant sie hier gleich mit dem Selbsterhaltungstrieb des Menschen. Der Mensch erhalte sich normalerweise aufgrund seiner Liebe zu sich selbst am Leben. Bei einem Suizid würde diese Empfindung, die also dem Fortbestand der Natur diene, gegen diesen und somit gegen sich selbst verwendet werden. [53]Letztlich statuiert hier Kant also, aus der Natur kommend, die Pflicht zur Selbsterhaltung. In eben dieser Pflichtenaufstellung widerspricht sich Kant jedoch in seinen fundamentalsten Prinzipien selbst.

---

[50] Winfried Hassemer, Was bedeutet der kategorische Imperativ, 5.01.2000 [online]
[51] Kant, AA V : Kritik der praktischen Vernunft, Kritik der Urteilskraft S.30 [online]
[52] Wolfgang Marx, Gibt es ein Menschenrecht auf freie Gestaltung des eigenen Lebensendes? in: Suizid und Sterbehilfe, Hrsg: Gerd Brudermüller, Wolfgang Marx, Konrad Schüttauf , S.73
[53] Kant, AA VI : Die Religion innerhalb der Grenzender bloßen Vernunft. Die Metaphysik der Sitten, S.422 [online]

Wenn er, wie oben beschrieben sagt, dass Menschen sich mittels Vernunft Pflichten selbst setzten, dann muss man sich doch fragen, wie es sein kann, dass diese Pflicht nun nicht aus dem Menschen sondern aus der Natur selbst entsteht.

Die Natur wird somit hier zur moralbildenden Instanz, nicht der vernunftbegabte Mensch. [54]

Der Behauptung, -die Natur habe den Selbsterhaltungstrieb des Menschen zum Zwecke des Fortbestandes der Natur geschaffen - immanent ist, dass Kant gewissermaßen weiß, was die Natur will. Dies wiederum widerspricht jedoch seiner Annahme, dass Menschen „ in gar keiner Weise über ein Wissen vom Ansichsein der Natur verfügen".[55]

Die Argumentation über die Figur des Selbsterhaltungstriebes ist damit nicht schlüssig. Sicher kann es in niemandes Interesse sein, dass alle Menschen sich selbsttöten und somit den Fortbestand der menschlichen Natur verhindern.

Allerdings geht es hier nicht um den Selbstmord der gesamten Menschheit, sondern um die Selbsttötung schwer erkrankter Menschen, die wohl kaum das ganze Sein als solches zu vernichten droht.

2. Rechtliche Legitimität der Selbsttötung nach Kant

Wichtig erscheint es mir hier nochmals zu verdeutlichen, dass diese Bewertung nur auf den moralischen Maßstäben, die Kant gesetzt hat, basiert. Auch er hat aber eine deutliche Trennung zwischen Moral und Recht, also Moralität und Legalität vorgenommen, wobei bei beiden Ausgangspukt das vernunftbegabte, freie Individuum ist.[56] Während die Moral sich lediglich auf die „inneren" Pflichten beziehe, vor allem auf die Bewegründe der Handlung, beschäftigt sich das Recht mit den äußeren Handlungen und deren Gesetzmäßigkeit. Die Moral bezieht sich also auf die Motive des Handelns, insbesondere das persönliche Gewissen und den Willen, das Recht auf die rein äußerlichen Handlungen, deren Folgen und Gesetzmäßigkeit, die die freie moralische Willensbildung und damit die Freiheit an sich erst gewährleisten soll. [57]

---

[54]Wolfgang Marx, Gibt es ein Menschenrecht auf freie Gestaltung des eigenen Lebensendes? in: Suizid und Sterbehilfe, Hrsg: Gerd Brudermüller, Wolfgang Marx, Konrad Schüttauf , S.73
[55] Wolfgang Marx, Gibt es ein Menschenrecht auf freie Gestaltung des eigenen Lebensendes? in: Suizid und Sterbehilfe, Hrsg: Gerd Brudermüller, Wolfgang Marx, Konrad Schüttauf , S.73
[56] Verdross, Abendländische Rechtsphilosophie, 2.Auflage, Wien 1963, S.147ff
[57] Ebd.

Das Recht sei daher „der Inbegriff aller Bedingungen unter denen die Willkür des einen mit der Willkür des anderen nach einem allgemeinen Gesetz der Freiheit zusammengefasst werden kann."[58]

Es hat also nach Kant die Aufgabe, jedem der ihm unterworfen ist, nur bis zu dem Maß volle Freiheit, also Willkür, zu gestatten, wie dies nicht die Freiheit eines anderen eingeschränkt.

Auch hier kommt also neben der individuellen Freiheit die Gesellschaft als Gegenpol ins Spiel.

Fragt man hier also nach der Legalität der Selbsttötung, so muss man diese zumindest für den Fall annehmen, dass niemand anderes in seinen Dispositionen und seinem Eigentum eingeschränkt wird[59]

Einen assistierten Suizid dagegen, bei dem auch viele andere Personen betroffen, sind wird Kant wohl ablehnen. Ungeachtet der Frage, ob eine solche Selbsttötung die Freiheit anderer einschränkt, lehnt Kant jedoch sowieso " jede über die äußere Freiheitssicherung hinausgehende Durchsetzung einer ethischen Gemeinschaft oder einer wohlfahrtsstaatlichen Politik der Glücksförderung durch die politische Gemeinschaft ab". [60] Die Bereitstellung von Medikamenten durch den Staat, mithin die unmittelbare Beteiligung des Staates am Suizid zur Glücksforderung ist mithin abzulehnen.

Man könnte dies etwa so deuten: Der Mensch darf rechtlich, sofern er die Freiheit anderer nicht einschränkt, mit dem was er hat, über das was er hat, verfügen, er bekommt aber dafür keine zusätzlichen Mittel vom Staat. Einfacher ausgedrückt: Selbst wenn der Selbstmord nach Kant moralisch richtig wäre, was er nicht ist, so müsste der Mensch diesen am Ende jedoch mit seinen Mitteln durchführen. Der Staat dürfte ihm dabei nicht behilflich sein.

F. Fazit

Abschließend soll nun das dargestellte kurz zusammengefasst und darauffolgend ein Resümee gezogen werden.

Ausgangspunkt der Überlegungen war die gesellschaftliche und verfassungsrechtliche Situation in Deutschland, wobei ich den ethischen Subjektivismus und Relativismus als die vorherrschende Signatur unserer westlichen Welt dargestellt habe.

---

[58] Kant, AA VI : Die Religion innerhalb der Grenzen der bloßen Vernunft. Die Metaphysik der Sitten, S.230 [online]
[59] Ulrich Steinvorth, Über den Selbstmord in: Suizid und Sterbehilfe, Hrds. Gerd Brudermüller Wolfgang Marx Konrad Schüttauf S.59
[60] Dietmar von der Pfordten, Zum Begriff des Staates bei Kant und Hegel, 01.2003 [online]

Kerngedanke, um den sich meine Ausführungen gedreht haben, war somit die Autonomie und Freiheit eines jeden Individuums grundsätzlich selbst entscheiden zu können, was richtig und was falsch ist und auch danach zu handeln.

Innerhalb dieser Auffassungen habe ich anschließend die Positionen und Argumente des Sophisten Protagoras sowie des Philosophen Immanuel Kant dargestellt. Zum einen war es mir dabei wichtig klarzustellen, wie sehr beide zwischen Moral und Recht differenzieren. Die Legitimation der Selbsttötung zu bewerten, wurde deshalb in zwei Schritte aufgeteilt. Zunächst wurde die moralische Legitimation anhand der ethischen Kriterien, die Protagoras und Kant genannt haben, überprüft.

Dabei wurde klar, dass Protagoras auf ethischer Ebene keine objektiven Maßstäbe setzt, sondern allein das Einzelne Individuum zum Herrn darüber macht, was richtig und falsch ist. Für die Legitimität der Selbsttötung schwer kranker Menschen wurde sodann resümiert, dass es moralisch nicht verwerflich sein, dass ein Mensch, der schwer krank ist und den Wunsch hegt, sich zu töten, umbringt. Schließlich muss dieser einzelne Mensch, dessen Situation von niemandem objektiv nacherlebt werden kann, das Maß für sein eigenes Handeln sein.

Deshalb wurde neben den Moralvorstellungen Protagoras auch das Rechtsverständnis, das sich von der Moral erheblich unterscheidet, dargestellt. Die utilitaristischen Maßstäbe, die Protagoras als Kriterium von Recht nennt, wurden dann auf die Selbsttötung angewendet, wobei nicht entschieden werden konnte, ob sie die Kriterien erfüllen können.

Dargestellt wurde aber auch, dass diese utilitaristischen Maßstäbe Protagoras keine ultimative Eignungsvorraussetzungen für das Recht darstellen, sondern dass sie gleichwohl auch von der Gemeinschaft verworfen werden können. Der Mehrheitsbeschluss der Gemeinschaft ist sozusagen vorrangig gegenüber jeglichen Nützlichkeitskriterium.

Im Bezug auf das Urteil des BVerwG wurde in diesem Zusammenhang festgestellt, dass eine Zulassung der Sterbehilfe durch ein solches Gericht nicht auf dem Mehrheitsbeschluss der Gemeinschaft beruht, der letztlich nur von der gesetzgebenden Gewalt, dem Bundestag, als unmittelbar legitimiertes Organ, getroffen werden kann.

Als weiter Vertreter des ethischen Subjektivismus wurde sodann Immanuel Kann vorgestellt. Zunächst wurde auch hier der moralische Aspekt einer Selbsttötung beleuchtet, wobei klar wurde, dass Kant die Selbsttötung als moralisch verwerflich ansieht.

Daraufolgend wurde die rechtliche Legitimität der Selbsttötung nach Kant dargestellt, wobei auch hier davon auszugehen ist, dass ein assistierter Suizid, bei dem der Staat mithilft, von Kant als nicht zulässig erachtet wird.

Diese unterschiedlichen Positionen und Argumente, die jeweils aus den Theorien von Protagoras und Kant ausfließen, sind so vielseitig und komplex wie die Probleme, die das Urteil mitbringt, selbst.

Im Mittelpunkt aller Problematik steht wohl wie dargestellt die Frage, ob es letztlich, wie das BwerfG annimmt, zur Freiheit des einzelnen Menschen gehört, auch darüber zu entscheiden, wann er sein Leben beenden möchte oder aber ob es Instanzen gibt, die einem solchen Gebrauch der Freiheit entgegenstehen.

Auf moralischer, ethischer Seite, so meine ich, muss die Selbsttötung einer schwer kranken Person, als legitim betrachtet werden. Es lässt sich individualethisch nicht begründen, warum ein Mensch, der so schwer krank ist und solche Schmerzen hat, dass er im Leben keinen Sinn mehr sieht, verpflichtet sein soll, abzuwarten, bis auch das letzte Organ seines Körpers den Dienst versagt.
Der Mensch wird als freie Person geboren, der ein Recht auf Leben zukommt, aber keineswegs eine Pflicht zu leben.

Ist man hier, wie Kant anderer Meinung, und sieht es als Pflicht des Menschen an zu leben, etwa um den Fortbestand der Sittlichkeit an sich zu gewähren, dann muss man doch beinahe sagen, misslingt Kant sein Hauptanliegen vollumfänglich: Die Befreiung von einer Ethik, die als letzte Instanz nicht den Menschen sieht, sondern einen Gott, zumindest eine Instanz, die letztlich die Kriterien für alles Handeln aufgibt.

Kant verabschiedet sich mit seiner Theorie der Zerstörung der Sittlichkeit vielleicht von einem Gott, zugleich setzt er aber mit der Sittlichkeit, deren Bewahrung es zu garantieren gibt eine neue Instanz von der der Mensch vollkommen abhängig und eben in keinster weiße frei ist. Gleichwohl man aus gesellschaftsethischen Gründen ein Recht auf freie Selbsttötung in jeglicher Lage, ablehnen muss, gibt es keinen Grund diese Ablehnung ohne jegliche Reflektion und Differenzierung auch für extreme Ausnahmesituationen, wie der eines schwer kranken Menschen mit starken Schmerzen, zu statuieren.

Der Mensch hat vielmehr gerade in dieser Situation, in der er durch seine Krankheit seiner Freiheit in so erheblichem Maße bereits beraubt ist, das Recht, die letzte Freiheit, die ihm noch bleibt, zu benutzen. In einer solchen Ausnahmesituation muss dem Menschen also m.E das höchstpersönliche Recht zuteilwerden, selbst über Art und Zeitpunkt seines Sterbens zu bestimmen. Hier ist es weder gesellschaftsethisch noch irgendwie anders mit den modernen Vorstellungen der Aufklärung, und auch der verfassungsrechtlichen Prinzipien, vereinbar dem

Menschen ein solches Recht aufgrund irgendeiner Instanz, sei es Gott oder die Sittlichkeit, zu verweigern. Oder, um es anlehnend an Goethes Faust[61] sagen:

> *„Es ist der Menschen Freiheit gutes Recht,*
> *dass Menschwürde nicht der Götterhöhe weicht*
> *....*
> *Zu diesem Schritt sich heiter zu entschließen,*
> *Und sei es mit Gefahr ins Nichts dahinzufließen. "*

Gleichsam bin ich mir dessen bewusst, dass ein moralisches Recht noch lange keinen staatlichen Anspruch begründet. Die Frage über diesen möchte ich mit Protagoras in die Hände der Bevölkerung legen. Denn auch wenn es, wie ich meine, moralisch keinen Grund gibt eine Selbsttötung schwer Kranker zu verwerfen, so bedarf doch die staatliche Hilfe bei dieser Tötung gemeinsamer Gesetze. Dazu muss ein wertfreier, offener Austausch stattfinden, der es ermöglicht frei von gesellschaftlichen Tabus[62] „ einen gesellschaftlichen Grundkonsens zu finden, der ohne die pluralistischen Strömungen aufzugeben, zu einem Ergebnis führt, dass die Gesellschaft –ohne das jeder einzelne davon begeistert wäre, zumindest anerkennen kann und aus Einsicht, nicht aus Zwang, befolgt.

---

[61] Original: Hier ist es Zeit durch Taten zu beweisen, dass Manneswürde nicht der Götterhöhe weicht […] Zu diesem Schritt sich heiter zu entschließen, Und sei es mit Gefahr ins Nichts dahinzufließen: J.W.Goethe: Faust I Vers 712f, 718f

[62] Hier denke ich insbesondere an die Verbrechen in der Zeit des Nationalsozialismus, die zu einer gewissen gesellschaftlichen Tabusierung geführt haben, Vgl.: Noemi Schenk Zum heutigen Stand der Euthanasiediskussion in der Schweiz, S.31

Literaturverzeichnis

1. Monographien/Lehrbücher:

Böckenförde, W.	Geschichte der Rechts und Staatsphilosophie, 2.Auflage, Tübingen 2006
Bockenförde, W.	Recht, Staat, Freiheit, Berlin 1991
Brudermüller, G **Wolfgang, M.** **Schüttauf ,K.**	Suizid und Sterbehilfe, Würzburg 2003
Eisler, R.	Einführung in die Erkenntnistheorie, Leipzig 1907
Hartmann, N.	Ethik, Berlin 1962
Hauskeller, M.	Versuch über die Grundlagen der Moral, München 2001
Höffe, O.	Einführung in die utilitaristische Ethik, Tübingen 2008
Kirste S. **Wächter, K.** **Walter, M.**	Die Sophistik; Entstehung, Gestalt und Folgenprobleme des Gegensatze von Naturrecht und positivem Recht, Stuttgart, 2002
Kutschera, F.	Grundlagen der Ethik, Berlin 1998
Larenz, K, Wolf M.	Allgemeiner Teil des bürgerlichen Rechts,8.Auflage, München 1997
Nadjafi, S.	Säkularisierung und Fundamentalismus, Hamburg 2001
Rüthers, B.	Rechtstheorie,3.Auflage, München 2007
Schenk, N.	Zum heutigen Stand der Euthanasiediskussion in der Schweiz, Norderstedt, 2005
Schmidt, R.	Staatsorganisationsrecht, 17.Auflage, Hamburg 2016
Verdross ,A.	Abendländische Rechtsphilosophie, 2.Auflage, Wien 1963
Vester, H.-G.	Kompendium der Soziologie I: Grundbegriffe, 1.Auflage, Wiesbaden 2009

2.Internetquellen

Baureithel,B.   Sterben nach Vorschrift, in: Freitag.de, 10.201
                           https://www.freitag.de/autoren/ulrike-baureithel/sterben-
                           nach-vorschrift
                           Letzter Abruf: 15.03.2018

Freuler,R.   Das Leiden der Angehörigen, in: nzz.ch, 18.05.2016
                           https://www.nzz.ch/nzzas/nzz-am-sonntag/sterbehilfe-das
                           leiden-der-angehoerigen-ld.83008
                           Letzter Abruf: 16.03.2018

Kant, I.   Die Religion innerhalb der Grenzen
                           der bloßen Vernunft. Die Metaphysik der Sitten,
                           https://korpora.zim.uni-duisburg-
                           essen.de/kant/aa06/Inhalt6.html
                           Letzter Abruf: 02.04.2018

Kant I,   Kritik der reinen Vernunft ,Prolegomena
                           https://korpora.zim.uni-duisburg-
                           essen.de/kant/aa04/Inhalt4.html
                           Letzter Abruf: 18.03.2018

Kant, I.   Kritik der praktischen Vernunft, Kritik der Urteilskraft
                           https://korpora.zim.uni-duisburg-essen.de/kant/aa05/Inhalt5.html
                           Letzter Abruf: 02.04.2018

Kleine,M   Sterbehilf: Rechtliche und ethische Fragen , 10.03.2015
                           http://www.hospiz-weinsberg.de/sterbehilfe/sterbehilfe_-
                           _recht_und_ethik.htm
                           Letzter Abruf: 02.04.2018

Lee, H.   Die sophistische Rechtsphilosophie in den platonischen Dialogen
                           Protagoras, Theaitetos und Gorgias, 17.02.2015
                           https://ub-madoc.bib.uni-mannheim.de/868/1/dissertation.pdf
                           Letzter Abruf: 05.04.2018

Müller-Neuhof, J.   Leiden am Lebensend, 13.05.2017
                           https://www.tagesspiegel.de/politik/leiden-am-lebensende-
                           gesundheitsminister-groehe-muss-ueber-sterbehilfe-
                           entscheiden/19797620.html
                           Letzter Abruf: 01.04.2018

Platon   Theaitetos,
                           http://www.opera-platonis.de/Theaitetos.pdf
                           Letzter Abruf: 05.04.2018

Ratzinger,J.	Missa pro eligendo Romano Pontifice, 18.04.2005 http://www.vatican.va/gpII/documents/homily-pro-eligendo-pontifice_20050418_ge.html Letzter Abruf: 02.04.2018
Straumann,F	Nach der Freitodbegleitung in die Therapie, 04.10.2012 https://www.tagesanzeiger.ch/wissen/medizin-und-psychologie/Nach-der-Freitodbegleitung-in-die-Therapie/story/31591511 Letzter Abruf: 04.04.2018
Suchanek,A.	Utilitarismus, 19.02.2018 https://wirtschaftslexikon.gabler.de/definition/utilitarismus-50164/version-273388 Letzter Abruf: 18.03.2018
Van der Pfordten, D.	Zum Begriff des Staates bei Kant und Hegel http://www.rechtsphilosophie.uni-goettingen.de/Volltexte/Idealism.pdf Letzter Abruf: 05.04.2018
Vorländer, H.	Grundzüge der athenischen Demokratie,06.01.2014 http://www.bpb.de/175892/grundzuege-der-athenischen-demokratie?p=all Letzter Abruf: 28.03.2018

3. Sonstiges

Goethe, J.W,	Faust, Der Tragödie erster Teil, Paderborn 2013
Autorengruppe	Der Brockhaus in fünfzehn Bänden, Band dreizehn, Ses-Tam, Mannheim 1999